www.ingramcontent.com/pod-product-compliance
Lightning Source LLC
LaVergne TN
LVHW010342070526
838199LV00065B/5768
9789369084302

پھولوں کے گیت

اختر شیرانی

مرتبہ : اعجاز عبید

© Taemeer Publications LLC

PhooloN ke Geet *(Poems)*
by: Akhtar Sheerani
Edition: May '2025
Publisher :
Taemeer Publications LLC (Michigan, USA / Hyderabad, India)

ISBN 978-93-6908-430-2

مصنف یا ناشر کی پیشگی اجازت کے بغیر اس کتاب کا کوئی بھی حصہ کسی بھی شکل میں بشمول ویب سائٹ پر اَپ لوڈنگ کے لیے استعمال نہ کیا جائے۔ نیز اس کتاب پر کسی بھی قسم کے تنازع کو نمٹانے کا اختیار صرف حیدرآباد (تلنگانہ) کی عدلیہ کو ہو گا۔

© تعمیر پبلی کیشنز

کتاب	:	**پھولوں کے گیت** (نظمیں)
مصنف	:	**اختر شیرانی**
ترتیب / تدوین	:	اعجاز عبید
صنف	:	شاعری
ناشر	:	تعمیر پبلی کیشنز (حیدرآباد، انڈیا)
سالِ اشاعت	:	۲۰۲۵ء
صفحات	:	۱۳۸
سرورق ڈیزائن	:	تعمیر ویب ڈیزائن

کون سی نظم کہاں؟

خدا کی تعریف	5
زمیں پہ پھول آسماں پہ تارے	8
ہماری زبان	11
ہمارا وطن	14
رات	17
تاروں بھری رات	19
اور آگئیں بی مینڈکی	22
نیا سال	26
پیسے کا گیت	29
ہمارا مدرسہ	32
چاندنی رات	34

کاغذ کی ناؤ	36
اُس سے کہہ دوں گا	39
دریا کنارے چاندنی	44
گھڑی	47
چرواہا	49
شملہ	51
راوی	54
یہ دنیا کتنی پیاری ہے	56
شملے کی ریل گاڑی	60
جگنو	63
او صبح کے ستارے	65
ارادے	69
چڑیوں کی شکایت	72
شریر لڑکا	74
برسات	76

لکھنؤ	80
بادل کا گیت	82
چندر اور بندر	86
قانون کی عزت	93
ہوائی جہاز	96
باغوں کی بہاریں	98
کشمیر	100
برسات کی رات	104
ملک سے غداری	106
کہانی کا سماں	108
یہ ساری خدائی ہمارے لئے ہے	110
روضہ تاج محل چاندنی رات میں	113
بنارس	115
سورج کی کرنوں کا گیت	116
ہماری بندریا	119

نیا سال آیا	122
تتلی	126
شب برات	129
شالامار	131
دودھ پہلے سے زیادہ ہوگیا	133

خدا کی تعریف

تو سب کا مالک
سب کا خدا تو!
بے آسرا ہم
اور آسرا تو!

بندوں پہ شفقت
ہے کام تیرا!
لیتے ہیں ہر دم
ہم نام تیرا!

تو نے بنائی
یہ ساری دنیا!
یہ خوبصورت
یہ پیاری دنیا!

حیوان انساں
تو نے بنائے!
شہر اور بیاباں
تو نے بسائے!

روشن کئے ہیں
تو نے یہ تارے!
یہ ننھے ننھے
یہ پیارے پیارے!

باغوں میں تو نے
پودے اگائے!
پھول اور پھل سب
تو نے بنائے!

تو نے سمجھ کو
بڑھنا سکھایا!
لکھنا سکھایا
پڑھنا سکھایا!

ہے عام سب پر
احسان تیرا!
اختر کو یا رب
ہے دھیان تیرا!
★★★

زمیں پہ پھول آسماں پہ تارے

خدا کی قدرت کے ہیں نظارے
زمیں پہ پھول آسماں پہ تارے!
سمے ہیں یہ کیسے پیارے پیارے
زمیں پہ پھول آسماں پہ تارے!

وہ سارے سنسار کا خدا ہے
سب اس کی قدرت ہی سے بنا ہے!
اسی کی قدرت نے ہیں نکھارے
زمیں پہ پھول آسماں پہ تارے!

یہ باغ ایسے کھلائے کس نے؟
چراغ ایسے جلائے کس نے؟
یہ سب خدا ہی نے ہیں سنوارے
زمیں پہ پھول آسماں پہ تارے!

ہیں پھول سب حور کی سی صورت
ستارے سب نور کی سی مورت
ہیں کیسے جنّت کے سے نظارے
زمیں پہ پھول آسماں پہ تارے!

خدا نے دنیا بنائی ساری
زمیں کی بستی بسائی ساری!
یہ کر رہے ہیں ہمیں اشارے
زمین پہ پھول آسمان پہ تارے!

خدا کی عظمت کے گیت گاؤ
خدا کی وحدت کے گیت گاؤ!
خدا کی کرتے ہیں حمد سارے
زمیں پہ پھول آسماں پہ تارے!
***

ہماری زبان

یا رب رہے سلامت اردو زباں ہماری!
ہر لفظ پر ہے جس کے قربان جاں ہماری!

مصری سی تولتا ہے - شکر سی گھولتا ہے
جو کوئی بولتا ہے میٹھی زباں ہماری!

ہندو ہو پارسی ہو عیسائی ہو کہ مسلم
ہر ایک کی زباں ہے اردو زباں ہماری!

دنیا کی بولیوں سے مطلب نہیں ہمیں کچھ
اردو ہے دل ہمارا اردو ہے جاں ہماری!

دنیا کی کل زبانیں بوڑھی سی ہو چکی ہیں
لیکن ابھی جواں ہے اردو زباں ہماری!

اپنی زبان سے ہے عزت جہاں میں اپنی
گر ہو زباں نہ اپنی عزت کہاں ہماری!

اردو کی گود میں ہم پل کر بڑے ہوئے ہیں
سو جاں سے ہم کو پیاری اردو زباں ہماری!

آزاد و میر و غالب آئیں گے یاد برسوں
کرتی ہے ناز جن پر اردو زباں ہماری!

افریقہ ہو عرب ہو امریکہ ہو کہ یورپ
پہنچی کہاں نہیں ہے اردو زباں ہماری!

مٹ جائیں گے مگر ہم مٹنے نہ دیں گے اس کو
ہے جان و دل سے پیاری ہم کو زباں ہماری!
٭٭٭

ہمارا وطن

نہ ہو کیوں ہمیں دل سے پیارا وطن
ہمیں جان و دل سے ہے پیارا وطن
سہانا ہے سندر ہے سارا وطن
ہے جنت کا ٹکڑا ہمارا وطن
ہمارا وطن! پیارا پیارا وطن!

ہیں دریا رواں گیت گاتے ہوئے
پرانی کہانی سناتے ہوئے!
کہانی ہے سارے کا سارا وطن!
ہمارا وطن! پیارا پیارا وطن!

پہاڑ اس کے ہیں جاں فزا کس قدر
سمے ان کے ہیں خوش نما کس قدر
ہے جنت کا گویا نظارا وطن
ہمارا وطن! پیارا پیارا وطن!

ہمالہ زمانے میں مشہور ہے
جو اونچا ہے دنیا سے اور دور ہے
ہے مغرور اس پر ہمارا وطن
ہمارا وطن! پیارا پیارا وطن!

یہ سر سبز جنگل لہکتے ہوئے
یہ باغوں کے منظر مہکتے ہوئے
لہکتا مہکتا ہمارا وطن!
ہمارا وطن! پیارا پیارا وطن!

بہاریں ہیں باغوں پہ چھائی ہوئی
گھٹائیں ہیں کیا رنگ لائی ہوئی
خوشی سے ہے بھرپور سارا وطن
ہمارا وطن! پیارا پیارا وطن!

کسی سے نہیں اتنی الفت ہمیں
ہے جتنی وطن سے محبت ہمیں
ہمارا وطن! پیارا پیارا وطن!
ہمارا وطن! پیارا پیارا وطن!
★★★

رات

رات آئی ساری دنیا سو گئی
نیند میں ساری خدائی کھو گئی

آئی لوری نیند کی گاتی ہوئی
کالے کالے بال بکھراتی ہوئی

سارے عالم پر اندھیرا چھا گیا
ہر طرف کا جل کوئی پھیلا گیا

رات آئی کُل جہاں خاموش ہے
ہر مکیں اور ہر مکاں خاموش ہے

رک گئے دریا ۔ ہوائیں سو گئیں
بستیاں آبادیاں چپ ہو گئیں

ہر طرف تاریکیاں چھانے لگیں
شکلیں بھوتوں کی نظر آنے لگیں

نیند کے جادو کا لوہا مان کر
سو گیا سنسار لمبی تان کر

محنتی سوتے ہیں کس آرام سے
کام انہیں دن بھر رہا ہے کام سے

دن بنا ہے کام کرنے کے لئے
رات ہے آرام کرنے کے لئے

***

تاروں بھری رات

تاروں بھری رات سو رہی ہے
دنیا خاموش ہو رہی ہے

نورانی سمے بکھر رہے ہیں
دھندلے سائے ابھر رہے ہیں

خوشبو ہے بسی ہوئی ہوائیں
اور نور گھلا ہوا فضا میں

شاخوں کو ہوا جگا رہی ہے
جو چھاؤں ہے تھرتھرا رہی ہے

کرنیں برسا رہے ہیں تارے

چاندی سی بہار رہے ہیں تارے

پھولوں پہ بہار آرہی ہے
اور چاندنی لہلہا رہی ہے

ہر سمت مہک رہی ہیں کلیاں
خوابوں میں بہک رہی ہیں کلیاں

پھیلا ہوا نور کا سماں ہے
نکھرا ہوا نیلا آسماں ہے

جنت کی ہوائیں آرہی ہیں
خوابوں کے ترانے گا رہی ہیں

پودے جو ہوا سے ہل رہے ہیں

ہر شاخ میں پھول کھل رہے ہیں

منہ پھولوں کا اوس دھونے آئی
اختر چلو صبح ہونے آئی
***

اور آ گئیں بی بینڈکی

گھبرا گئیں بی بینڈکی!
تنگ آ گئیں بی بینڈکی!
ہاتھ آ گئیں بی بینڈکی!
کام آ گئیں بی بینڈکی!

لہرا گئیں بی بینڈکی!
اور آ گئیں بی بینڈکی!
مرجھا گئیں بی بینڈکی!
فرما گئیں بی بینڈکی!

بادل اٹھا اور چھا گیا

ساون کا مینہ برسا گیا

جنگل میں جل تھل ہو گیا

نہروں میں پانی آگیا

بچوں نے جب دیکھا انہیں

سبزے پہ لپکے گھیر کر

بی مینڈکی نے جس گھڑی

دیکھا انہیں منہ پھیر کر

بھاگیں کبھی - اچھلیں کبھی

دوڑیں کبھی - اچکیں کبھی

لپکیں کبھی - کودیں کبھی

پھاندیں کبھی ، پھدکیں کبھی

سبزے کے اندر چھپ رہیں
جب تھک گئیں اکتا گئیں
بچوں کے ہاتھوں سے مگر
جاتیں کہاں - ہاتھ آ گئیں

مردہ بنی تھیں مکر سے
بچے یہ سمجھے مر گئیں
تنگ آ کے ان کے ظلم سے
دنیا سے رحلت کر گئیں

پھینکا پکڑ کر ایک نے
بی مینڈکی کو نہر میں
بی مینڈکی نے آپ کو
بہتا جو پایا لہر میں

پیاسی جو تھیں کچھ دیر سے
سیروں ہی پانی پی گئیں
پھر لپکیں خشکی کی طرف
بچوں نے دیکھا جی گئیں

چپکے سے اک لڑکا بڑھا
اور ہاتھ مارا زور سے
بی مینڈکی کا سر لگا
پتھر کی چبھتی کور سے

بی مینڈکی میں دم نہ تھا
دیکھا جو مٹھی کھول کر
بچوں نے چلا کر کہا
لو اب کے تو سچ مچ سفر
***

نیا سال

نکھر کیوں گیا آج سورج کا نور
کوئی بات تو آج ہو گی ضرور
خوشی سی ہے چھائی ہوئی دور دور
سماں ہے سہانا نئے سال کا
مبارک ہو آنا نئے سال کا!

زمانے نے کاٹے مصیبت کے دن
یہ راتیں خوشی کی یہ راحت کے دن
مٹا رنج، آئے مسرّت کے دن
یہ پیارا زمانہ نئے سال کا
مبارک ہو آنا نئے سال کا!

جو ہونا تھا پچھلے برس ہو چکا
کوئی ہنس چکا اور کوئی رو چکا
کوئی پڑھ چکا اور کوئی سو چکا
سناؤ فسانہ نئے سال کا
مبارک ہو آنا نئے سال کا!

نئے سال کیا کر دکھاؤ گے تم؟
کہو کس طرح نام پاؤ گے تم؟
قدم آگے کیوں کر بڑھاؤ گے تم؟
کہ یہ ہے زمانہ نئے سال کا
مبارک ہو آنا نئے سال کا!

دل و جاں سے پڑھنے میں محنت کرو!
ہر اپنے پرائے سے الفت کرو!

اِدھر یا اُدھر دھیان تم مت کرو!
یہی ہے ترانہ نئے سال کا!
مبارک ہو آنا نئے سال کا!
***

پپیہے کا گیت

ارے آم پر گانے والے پپیہے
مرے دل کو بہلانے والے پپیہے
ذرا ویسے ہی تان اونچی لگا دے
سنا دے! وہی راگنی پھر سنا دے
میں اس وقت پڑھنے سے اکتا گیا ہوں
ہوا کھانے کو باغ میں آ گیا ہوں
عجب ٹھنڈی ٹھنڈی ہوا آ رہی ہے
گھٹا چھا رہی ہے گھٹا چھا رہی ہے
پھر ی رت - بہار آئی - پلٹا زمانا
پپیہے! پپیہے! ذرا گیت گانا

مرا دل ہے تجھ میں -ترا جی کہاں ہے ؟

پپیہے ! ذرا پھر سُنا ، پی کہاں ہے ؟"

تری پیاری آواز لہرا رہی ہے ؟

درختوں کی شاخوں میں تھرّا رہی ہے

ترا گیت سن سن کے حیران ہوں میں

نہ حیران ہو تُو کہ ان جان ہوں میں

ترا گیت سب سے الگ ہے نیا ہے

پپیہے ! تری لے میں جادو بھرا ہے

تو اس رت میں آیا ہے بتلا کہاں سے ؟

پرستاں سے -جنت سے -یا آسماں سے ؟

ادھر آ پپیہے ! مرے پاس آجا

مجھے باغ جنّت کا قصہ سنا جا

وہاں بھی ہیں کیا یونہی آباد بچے

مری طرح خوش اور دل شاد بچے

پپیہوں کا گانا یوں ہی سنتے ہیں وہ ؟

یونہی ان کے گیتوں پہ سر دھنتے ہیں وہ؟
مری طرح وہ کھیلتے ہیں چمن میں؟
یونہی پھرتے ہیں کیا وہ باغ اور بن میں؟
پپیہے! مجھے ان کا قصہ سنا دے!
دکھا دے ذرا ان کا نقشہ دکھا دے!
تری راگنی خواب دکھلا رہی ہے
پپیہے! بس اب مجھ کو نیند آ رہی ہے
تری لے سے بے ہوش ہو جاؤں گا میں!
کتابوں پہ سر رکھ کے سو جاؤں گا میں

***

ہمارا مدرسہ

کوئی دنیا میں پیارا مدرسہ ہے!
تو وہ بے شک ہمارا مدرسہ ہے
عمارت اس کی کتنی خوش نما ہے
محل جنّت کا کہیئے تو بجا ہے
منڈیروں پر ہیں گملوں کی قطاریں
سمٹ آئی ہیں باغوں کی بہاریں
جدھر دیکھو شگوفے کھل رہے ہیں
ہوا سے ننھے پودے ہل رہے ہیں
جو کمرہ ہے نفیس اور جاں فزا ہے
جہاں پڑھنے کو خود دل چاہتا ہے
شریف استاد کیسے مہرباں ہیں
شفیق ایسے زمانے میں کہاں ہیں

محبت سے پڑھاتے ہیں ہر اک کو
جو کچھ بھولے بتاتے ہیں ہر اک کو

ہمارا باغ اور میدان اچھا
ہمارے کھیل کا سامان اچھا

ہیں لڑکے باہم الفت کرنے والے
اور استادوں کی عزّت کرنے والے

سب استادوں کا کہنا مانتے ہیں
اور ان کا مرتبہ پہچانتے ہیں

***

چاندنی رات

چاندنی رات کا سماں دیکھو
وہ چمک اٹھا آسماں دیکھو
گھاٹیوں سے نکل رہا ہے چاند
جنگلوں پر مچل رہا ہے چاند
روشنی ہو گئی فضاؤں میں
نور بہنے لگا ہواؤں میں
چاند نے چاندنی بچھا دی ہے
دودھ کی نہر سی بہا دی ہے
پتا پتا ہے نور کی دنیا
ذرہ ذرہ ہے نور کی دنیا
چمک اٹھیں پہاڑیاں ساری

وادیاں اور جھاڑیاں ساری

جنگلوں میں بچھا ہے نور ہی نور

گاؤں پر چھا رہا ہے نور ہی نور

خوش نما تارے جھلملاتے ہیں

نور کے پھول کھل کھلاتے ہیں

نور کی ہے زمین نور کے گھر

نور کے گھر ہیں نور کے منظر

ساری کرنوں بھری فضا چپ ہے

باغ کی رس بھری ہوا چپ ہے

نور اُمنڈنے لگا فضاؤں سے

خوشبو آنے لگی ہواؤں سے

زہرہ ندیا کے گیت گاتی ہے

چاندنی رات سوئی جاتی ہے

***

کاغذ کی ناؤ

ہوا کے زور سے لہرا رہی ہے!!
جھکولے پر جھکولے کھا رہی ہے!
مگر اس پر بھی بہتی جا رہی ہے
ہماری ناؤ بہتی جا رہی ہے!

اگر ہے ناؤ کاغذ کی تو کیا ہے
بچانے والا اس کا دوسرا ہے!
ہماری ناؤ کا حافظ خدا ہے
ہماری ناؤ بہتی جا رہی ہے!

بھنور میں آ گئی شوکت کی کشتی
وہ غوطہ کھا گئی رفعت کی کشتی!
یونہی ٹکرا گئی مدحت کی کشتی
ہماری ناؤ بہتی جا رہی ہے!

ہماری ناؤ بھی کیا ہے بلا ہے
جہازوں کا سا اس کا حوصلہ ہے
بہی جاتی ہے گو دریا چڑھا ہے
ہماری ناؤ بہتی جا رہی ہے!

وہ اک مکھی نے دیکھو لات ماری
وہ پلٹا کھا گئی کشتی ہماری
سنبھل کر پھر ہوئی سیدھی بچاری
ہماری ناؤ بہتی جا رہی ہے!

وہ اک تنکے نے آ کر اس کو چھیڑا
لگا اک بلبلے کا پھر تھپیڑا
کرے گا تو ہی یا رب پار بیڑا
ہماری ناؤ بہتی جا رہی ہے
★★★

اُس سے کہہ دوں گا

(لطیفہ)

شہر لاہور میں عجب خاں نام
اک بہت ہی غریب انساں تھا
فاقہ کرتا تھا دو دو وقت غریب
مفلس اور بد نصیب انساں تھا

شہر میں تھے امیر جتنے لوگ
کوئی لیتا نہ تھا سلام اس کا
پڑھتا لاحول، سامنے جس کے

کوئی لے دیتا آ کے نام اس کا

اسی حالت میں مدتیں گزریں
ایک دن اس کو خوش نصیبی سے
گھر کے آنگن میں اک دفینہ ملا
جس نے چھڑوا دیا غریبی سے

اب عجب خاں امیر تھا بے حد
اب عجب خاں کے پاس دولت تھی
عمر بھر ختم ہو نہ سکتی تھی
اس کی دولت کی اتنی کثرت تھی

اس کے سارے امیر ہمسائے
اب ادب سے کلام کرنے لگے
میں، صرف ایک دن میں سو سو بار

اس کو جھک کر سلام کرنے لگے

جب وہ کرتے کبھی سلام اسے
یوں عجب خاں جواب میں کہتا
''بہت اچھا میں اس سے کہہ دوں گا''
اور کچھ وہ نہ کہتا چپ رہتا

سن کے اپنے سلام کا یہ جواب
شہر کے سب امیر حیراں تھے
'اس سے کہہ دوں گا' کے جواب پہ وہ
دل ہی دل میں بہت پریشاں تھے

آخر اک روز باتوں باتوں میں
پوچھا اک شخص نے عجب خاں سے
''اس سے کہہ دوں گا'' ہے کہاں کا سلام

پوچھ دیکھا ہر اک مسلماں سے

ہم کو دیتا نہیں جواب کوئی
اس کا مطلب تمھی بتاؤ ہمیں
ہے سلاموں کا یہ جواب نیا
اس میں جو بھید ہے سجھاؤ ہمیں

مسکرا کر کہا عجب خاں نے
جب میں مفلس تھا اور غریب انساں
میرا لیتے نہ تھے سلام کبھی
تم سے مغرور خوش نصیب انساں

اب جو اللہ کی عنایت سے
مجھ کو اتنا بڑا خزانہ ملا
تم سے مغرور ہو گئے سیدھے

اور سلاموں کا اک بہانہ ملا

اب جو سب کرتے ہیں سلام مجھے
سچ یہ ہے یہ مجھے سلام نہیں
میری دولت کو کرتے ہیں وہ سلام
اس میں واللہ کچھ کلام نہیں

اس لئے میں جواب میں سب کے
کہتا ہوں یہ پیام کہہ دوں گا
یعنی گھر جا کے اپنی دولت کو
آپ کا یہ سلام کہہ دوں گا
★★★

دریا کنارے چاندنی

کیا چھا رہی ہے چاندنی
اِٹھلا رہی ہے چاندنی
دریا کی اِک اِک لہر کو
نہلا رہی ہے چاندنی
لہرا رہی ہے چاندنی!

دریا کنارے دیکھنا
پانی میں تارے دیکھنا
تاروں کو دامن میں لئے
کیا کیا نظارے دیکھنا

دکھلا رہی ہے چاندنی !

ٹھنڈی ہوا خاموش ہے
اجلی فضا خاموش ہے
خاموش ہے سارا جہاں
ہر اک صدا خاموش ہے
اور چھا رہی ہے چاندنی !

دیکھو سمے وہ دور کے
خیمے کھڑے ہیں نور کے
دریا کی نیلی سطح پر
کچھ پھول سے بلور کے
برسا رہی ہے چاندنی !

اے لو وہ بدلی آگئی

اور چاندنی پر چھا گئی
باہر نکلنے کے لئے
پھر آئی پھر کترا گئی
گھبرا رہی ہے چاندنی!

لو رات کے منظر چلے
تارے بھی کھل کھل کر چلے
بیٹھے ہوئے یاں کیا کریں
اختر ہم اپنے گھر چلے
اب جا رہی ہے چاندنی!
***

گھڑی

ٹک ٹک ۔ٹک ٹک ۔ٹک ٹک ۔ٹک ٹک ۔

ٹک ٹک ۔ٹک ٹک ۔ٹک ٹک ۔ٹک ٹک ۔

ٹک ٹک ٹک ٹک گانے والی

ہر دم گیت سنانے والی

چین نہ کچھ آرام ہے تجھ کو

کام سے اپنے کام ہے تجھ کو

جتنے بھی ہیں کام ہمارے

تو نے سدھارے تو نے سنوارے

وقت کی تو نے قدر سکھائی

سُستی سب دنیا سے اُڑائی
وقت پہ آنا وقت پر جانا
وقت پہ سونا وقت پہ کھانا
ہوتے ہیں اپنے وقت پہ سارے
ہیں جو ضروری کام ہمارے
تو جو نہ ہوتی وقت گنواتے
وقت پہ ہم اسکول نہ جاتے

***

چرواہا

پہاڑی کے پاس ان ببولوں کو دیکھو

چمکتے ہوئے زرد پھولوں کو دیکھو

جہاں سامنے بکریاں چر رہی ہیں

نہیں گھاس پیٹ اپنا پر بھر رہی ہیں

وہیں ایک پیپل کا پودا لگا ہے

اور اک ننھا لڑکا کھڑا گا رہا ہے

قریب اس کے لمبی سی لاٹھی پڑی ہے

اور اک ننھی منی سی بکری کھڑی ہے

یہ ہر روز ریوڑ چراتا ہے آ کر

اور اکثر یہاں گیت گاتا ہے آ کر

سنو آج بھی تو یہ کچھ گا رہا ہے

کہ دامن پہاڑی کا تھرا رہا ہے

ہے گرمی بہت سخت اور دوپہر ہے

مگر اس کی معصومیت بے خبر ہے

نہ گرمی کی پروا نہ کھانے کی پروا

ہے گلے کی اور اپنے گانے کی پروا

خُدا جانے معصوم کو فکر کیا ہے

کہ آواز میں درد اس کی بھرا ہے

کہ ریوڑ مرا بھوک سے مر رہا ہے

سنو! وہ خُدا سے دعا کر رہا ہے

الٰہی! بہت جلد برسا دے پانی

ہے پیاسی زمیں منہ میں ٹپکا دے پانی

ہری گھاس جنگل میں اگ آئے یارب!

کرم اتنا دنیا پہ ہو جائے یارب!!

***

شملہ

لوگ گرمی میں شملے جاتے ہیں
ٹھنڈے موسم کا لطف اٹھاتے ہیں
کتنی شفاف ہے فضا اس کی
کس قدر صاف ہے ہوا اس کی
اودی اودی گھٹائیں چھاتی ہیں
ٹھنڈی ٹھنڈی ہوائیں آتی ہیں
ابھی بادل ہیں اور ابھی ہے دھوپ
دیکھو! قدرت کے یہ انوکھے روپ!
گر صفائی کے حال کو دیکھیں
آپ شملے کی مال کو دیکھیں!
کتنی ستھری ہے ہر دکان یہاں

کتنا اچھا ہے ہر مکان یہاں
ہوٹلوں کی نفاستیں دیکھو!
کوٹھیوں کی عمارتیں دیکھو
سبزہ وادی میں لہلہاتا ہے
پھرنے والوں کا جی لبھاتا ہے
اونچے پیڑوں کی ہے بہار یہاں
ہیں کھڑے چیل دیودار یہاں
ہیں بلندی پہ ہر مکان سے یہ
بات کرتے ہیں آسمان سے یہ
بادل اتنے قریب ہوتے ہیں
پیار سے منہ زمیں کا دھوتے ہیں
راستہ گر کہیں سے پاتے ہیں
بند کمروں میں بھی گھس آتے ہیں
یوں تو ہر منظر اس کا پیارا ہے
رات کا اور ہی نظارہ ہے

جب ہوں بجلی کے قمقمے روشن
دیکھو اس وقت شملے کا جوبن
قمقمے کیا ہیں کچھ ستارے ہیں
آسماں نے یہاں اُتارے ہیں
شعلے سے اڑتے ہیں فضاؤں میں
شمعیں آوارہ ہیں ہواؤں میں

راوی

برسات ہے لہراتی ہوئی آتی ہے راوی
ناگن کے سے بل کھاتی ہوئی آتی ہے راوی
ہر چیز کو ٹھکراتی ہوئی آتی ہے راوی

ٹیلوں کا صفایا کیا منہ خاک کا دھویا
سبزے کو ڈبویا۔ کہیں کھیتوں کو بھگویا
ہر ذرّہ کو نہلاتی ہوئی آتی ہے راوی

پتھر کی چٹانوں سے سنو آتی ہے آواز!
اور دور تلک جھوم کے لہراتی ہے آواز!
یا گیت کوئی گاتی ہوئی آتی ہے راوی

ڈوبی ہوئی، پانی میں کناروں کی زمیں ہے
جنگل ہو کہ سبزہ ہو نشاں اس کا نہیں ہے
ہر چیز پہ یوں چھاتی ہوئی آتی ہے راوی

اس سال تو راوی میں ہے طوفان بلا کا
جو موج ہے دریا کی ہے سامان بلا کا
کس زور سے جھلاتی ہوئی آتی ہے راوی

دریا میں کوئی ناؤ دکھائی نہیں دیتی
ملاحوں کی آواز سنائی نہیں دیتی
ہاں غصے میں چلاتی ہوئی آتی ہے راوی!

***

یہ دنیا کتنی پیاری ہے

یہ دنیا کتنی پیاری ہے
ہر اک بات اس کی نیاری ہے
یہ دنیا کتنی پیاری ہے

مکاں آباد ہیں کیسے
مکیں دل شاد ہیں کیسے
یہ دنیا کتنی پیاری ہے

کبھی دن ہے نظارے ہیں

کبھی ہے رات تارے ہیں
یہ دنیا کتنی پیاری ہے

چمن میں پودے ہلتے ہیں
گلے آپس میں ملتے ہیں
یہ دنیا کتنی پیاری ہے

گجر دم گاتی ہیں چڑیاں
دلوں کو بھاتی ہیں چڑیاں
یہ دنیا کتنی پیاری ہے

کھلے ہیں پھول گلشن میں
اگی ہیں جھاڑیاں بن میں
یہ دنیا کتنی پیاری ہے

ہوا کے جھونکے آتے ہیں
شگوفے مسکراتے ہیں
یہ دنیا کتنی پیاری ہے

پرندے چہچہاتے ہیں
ہمارا جی لبھاتے ہیں
یہ دنیا کتنی پیاری ہے

گھٹائیں گھر کے آتی ہیں
بہاریں مینہ کی لاتی ہیں
یہ دنیا کتنی پیاری ہے

سمندر ہیں رواں دیکھو!
جہاز اور کشتیاں دیکھو!
یہ دنیا کتنی پیاری ہے

یہ کوسوں تک ہرے جنگل
درختوں سے بھرے جنگل
یہ دنیا کتنی پیاری ہے
یہ دنیا کتنی پیاری ہے
★★★

شملے کی ریل گاڑی

سولن کی چوٹیوں سے
جھنڈی ہلا رہی ہے
غصے میں بے تحاشا
سیٹی بجا رہی ہے
دیکھو! وہ آ رہی ہے
شملے کی ریل گاڑی

دو انجنوں کے منہ سے
شعلے نکل رہے ہیں
دو ناگ مل کے گویا
دوزخ اگل رہے ہیں
آنکھیں دکھا رہی ہے

شملے کی ریل گاڑی

سنسان گھاٹیوں پر
اونچی پہاڑیوں میں
پتھریلی چوٹیوں پر
ٹیلوں میں جھاڑیوں میں
لہراتی آ رہی ہے
شملے کی ریل گاڑی

لوہے کی ایک ناگن
بل کھا رہی ہو جیسے
اور اونچی چوٹیوں پر
لہرا رہی ہو جیسے
اس طرح آ رہی ہے
شملے کی ریل گاڑی

بن باسیوں کو کیا کیا
دل شاد کر رہی ہے
سنسان جنگلوں کو
آباد کر رہی ہے
بستی بسا رہی ہے
شملے کی ریل گاڑی

نکلی سرنگ سے یوں
جوں بل سے ناگ نکلے
چمکی سرے پہ جیسے
بھٹی سے آگ نکلے
کیا گل کھلا رہی ہے
شملے کی ریل گاڑی

★★★

جگنو

کنارے جھیل کے پھرتا ہے جگنو
کبھی اڑتا کبھی گرتا ہے جگنو
ہوا کی گود میں اک روشنی ہے
کہ ننھی شمع کوئی اڑ رہی ہے
ستارہ سا چمکتا ہے فضا میں
شرارہ اڑتا پھرتا ہے ہوا میں
کوئی مہتاب سی چھوٹی ہے گویا
ستارے کی کرن ٹوٹی ہے گویا
اندھیرے میں سنہری تیتری ہے
کہ سونے کی کوئی ننھی پری ہے

ہری شاخوں پہ جگنو چھا گئے ہیں
زمیں پر یا ستارے آ گئے ہیں
منور سارے باغ اور بن ہیں ان سے
اندھیری ڈالیاں روشن ہیں ان سے
نہیں آرام سے سوتے مگر یہ!
کہ اڑتے پھرتے ہیں یوں رات بھر یہ!
★★★

او صبح کے ستارے

جلوہ دکھا رہا ہے !
کرنیں لٹا رہا ہے !
کیا جی لبھا رہا ہے !
او صبح کے ستارے !

محفل تری کہاں ہے ؟
منزل تری کہاں ہے ؟
کس سمت جا رہا ہے ؟
او صبح کے ستارے !

سارے جہاں کے اوپر
اس آسماں کے اوپر
کیوں جھلملا رہا ہے؟
او صبح کے ستارے!

کس کا خطر ہے تجھ کو؟
ہاں کس کا ڈر ہے تجھ کو؟
کیا سورج آ رہا ہے؟
او صبح کے ستارے!

دم بھر کا یہ سماں ہے
تو اس کا میہماں ہے
کیوں مسکرا رہا ہے؟
او صبح کے ستارے!

خاموش ہے زمانہ
بے ہوش ہے زمانہ
لیکن تو گا رہا ہے
او صبح کے ستارے!

چپ چاپ سو رہا ہوں
نیندوں میں کھو رہا ہوں
کیوں گدگدا رہا ہے؟
او صبح کے ستارے!

کیوں اتنا ڈر رہا ہے؟
کیوں منہ اتر رہا ہے؟
کیوں تھر تھرا رہا ہے؟
او صبح کے ستارے!

آ میں گلے لگا لوں !

ساتھی تجھے بنا لوں

تو دل لبھا رہا ہے

او صبح کے ستارے

***

ارادے

ایک بچہ - :
جواں ہو کے میں خوب محنت کروں گا
تجارت کروں گا - تجارت کروں گا

دوسرا - :
میں مفلس مریضوں کی خدمت کروں گا
بنوں گا طبیب اور طبابت کروں گا

تیسرا - :
میں انجینئری میں مشقت کروں گا
مشینوں کی ہر دم مرمت کروں گا

چوتھا۔ :

میں قانون پڑھنے میں محنت کروں گا

عدالت میں جا کر وکالت کروں گا

پانچواں۔ :

خدا اور نبی کی اطاعت کروں گا

فقط اپنے مذہب کی خدمت کروں گا

چھٹا۔ :

ہوائی جہازوں کی خدمت کروں گا

زمانے کی سیر و سیاحت کروں گا

ساتواں۔ :

برائی کو دنیا سے رخصت کروں گا

میں منصف بنوں گا عدالت کروں گا

آٹھواں۔ :

میں پیدا زمانے کی دولت کروں گا

زمانے میں پھر عیش و عشرت کروں گا

نواں-:

نہ سستی کروں گا نہ عشرت کروں گا

بنوں گا کسان اور زراعت کروں گا

دسواں-:

میں پیدا کچھ ایسی لیاقت کروں گا

گورنر بنوں گا- حکومت کروں گا

گیارھواں-:

میں مزدور کی طرح محنت کروں گا

اور ابنائے انساں کی خدمت کروں گا

***

چڑیوں کی شکایت

چڑیوں نے بے طرح ستایا ہے
میرے کمرے کو گھر بنایا ہے
چھت پہ ان کو جہاں ملی ہے جگہ
اک نہ اک گھونسلہ بنایا ہے
عین میرے پلنگ کے اوپر
ہے جو حصہ وہ ان کو بھایا ہے
تار بجلی کا ہے جو چھت پہ لگا
وہ تو میراث ہی میں پایا ہے
کوئی کھونٹی ہو، طاق ہو، در ہو
ان کی جاگیر میں وہ آیا ہے
سر پہ بیٹوں کا مینہ برستا ہے
بے ڈھب ایسا یہ ابر چھایا ہے
حصہ مجھ کو بھی کچھ ملا ہے ضرور

جب چڑا تنکے لے کر آیا ہے
تکیہ پر، میز پر، کتابوں پر
مہر کا سا نشاں بنایا ہے
ان کی چوں چوں کا راگ سن کر دل
گانا سننے سے تنگ آیا ہے
سب کے سر پر خدا کا ہے سایہ
مجھ پر ان کے پروں کا سایہ ہے
اس قدر بیٹ کرتی ہیں کم بخت
ناک میں دم ہر اک کا آیا ہے
صبح سے لڑ رہی ہیں آپس میں
سر پہ سارا مکاں اٹھایا ہے
پڑھ نہیں سکتا لکھ نہیں سکتا
اس قدر شور و غل مچایا ہے
ایسا معلوم ہوتا ہے گویا
میرا کمرہ نہیں پرایا ہے

***

شریر لڑکا

جعفری اک شریر لڑکا ہے
پڑھنے لکھنے سے جی چراتا ہے
مدرسے وقت پر نہیں جاتا
ماسٹر کی ہے، جھڑکیاں کھاتا
نام مشہور ہے شرارت میں
انگلیاں اٹھتی ہیں جماعت میں
چھوٹے بھائی بہن سے لڑتا ہے
اپنے ماں باپ سے جھگڑتا ہے
دال پکی اگر کبھی گھر میں
ہانڈی آئی زمیں پہ پل بھر میں
دیدہ لگتا ہے کھیل میں اس کا
یاد کرتا نہیں سبق اپنا

جو بھی پڑھتا ہے بھول جاتا ہے
ماسٹر جی کی مار کھاتا ہے
سارے ہمسائے تنگ آئے ہیں
بدبلا نے وہ گُل کھلائے ہیں
جتنے لڑکے ہیں اس سے ڈرتے ہیں
دور ہی سے سلام کرتے ہیں
دن چڑھے تک پڑا یہ سوتا ہے
یوں ہی بے کار وقت کھوتا ہے
کوئی ڈر سے اٹھا نہیں سکتا
وقت پر پڑھنے جا نہیں سکتا
وقت یوں رائگاں جو کھوتا ہے
فیل ہر امتحاں میں ہوتا ہے!
★★★

برسات

برسات آئی
برسات آئی
آنے لگی ہیں ٹھنڈی ہوائیں
چھانے لگی ہیں اودی گھٹائیں
برسات آئی
برسات آئی

آئیں گھٹائیں چھائیں گھٹائیں
مینہ کی بہاریں لائیں گھٹائیں
برسات آئی
برسات آئی

باغوں کو دھونے آئے ہیں بادل
دریا اٹھا کر لائے ہیں بادل
برسات آئی
برسات آئی

یہ ہلکی ہلکی مینہ کی پھواریں
یہ پتلی پتلی پانی کی دھاریں
برسات آئی
برسات آئی

برکھا کی رت ہے کیسی سہانی
چاروں طرف ہے پانی ہی پانی
برسات آئی
برسات آئی

سر سبز شاخیں کیا جھومتی ہیں
جھک کر زمیں کا منہ چومتی ہیں
برسات آئی
برسات آئی

کیا بھینی بھینی ٹھنڈی ہوا ہے
چڑیوں کی کیسی میٹھی صدا ہے
برسات آئی
برسات آئی

جنگل میں ہے کیا سبزہ لہکتا
پھولوں کی بوسے بن ہے مہکتا
برسات آئی
برسات آئی

آموں کو دیکھو کیسے لدے ہیں
آموں کے رسیا نیچے کھڑے ہیں
برسات آئی
برسات آئی

مل جل کے آؤ کھیلیں نہائیں
باغوں میں چل کر جھولیں جھلائیں
برسات آئی
برسات آئی

★★★

لکھنؤ

خدا آباد رکھے لکھنؤ کو
ہمیشہ شاد رکھے لکھنؤ کو

یہ بستی خوب صورت ہے حسیں ہے
کہیں اس شہر کا ثانی نہیں ہے

ہے بڑھ کر خلد سے ہر باغ اس کا
امین آباد و قیصر باغ اس کا

ہے پھولوں کی مہک ساری فضا میں
بہاریں کھیلتی ہیں اس کی ہوا میں

رواں ہے گومتی دل کش ادا سے
بہلتی ہے طبیعت اس فضا سے

ہے اس کی شام کی شہرت جہاں میں

نظیر اس کی کہاں ہندوستاں میں
نہایت خوش نما ہے ساری بستی
اَودھ کی جان ہے یہ پیاری بستی
بہت سی ہیں پرانی یادگاریں
پرانی پر سہانی یادگاریں
ہمارے ملک کی اردو زباں ہے
زباں اس شہر کی سی پر کہاں ہے؟
بہت شستہ زباں ہے لکھنؤ کی!
جو ہے اردو وہ جاں ہے لکھنؤ کی!

***

بادل کا گیت

دنیا پہ چھا رہا ہوں

دھوم یں مچا رہا ہوں

موتی لٹا رہا ہوں

لہراتا آ رہا ہوں

شہروں میں گلشنوں میں

کھیتوں میں اور بنوں میں

دریا بہا رہا ہوں

لہراتا آ رہا ہوں

اٹھ کر سمندروں سے
طوفاں کے منظروں سے
خوشیاں منا رہا ہوں
لہراتا آ رہا ہوں

آئی ہیں میری فوجیں
چھائی ہیں میری فوجیں
جھنڈے بڑھا رہا ہوں
لہراتا آ رہا ہوں

اجڑی فضا میں آ کر
سونی ہوا میں آ کر
بستی بسا رہا ہوں
لہراتا آ رہا ہوں

اونچی پہاڑیوں پر

پودوں پہ جھاڑیوں پر

خیمے لگا رہا ہوں

لہراتا آ رہا ہوں

خوش ہیں کسان سارے

بوڑھے جوان سارے

نہریں بہا رہا ہوں

لہراتا آ رہا ہوں

جھلسی ہوئی زمیں پر

تپتی ہوئی زمیں پر

سبزہ اگا رہا ہوں

لہراتا آ رہا ہوں

پودے سنور رہے ہیں
جنگل نکھر رہے ہیں
میں منہ دھلا رہا ہوں
لہراتا آ رہا ہوں

آنگن مرا فضا ہے
جھولا مرا ہوا ہے
پینگیں بڑھا رہا ہوں
لہراتا آ رہا ہوں

باغوں میں اور بنوں میں
شاخوں کے دامنوں میں
کلیاں کھلا رہا ہوں
لہراتا آ رہا ہوں

★★★

چندر اور بندر

(کہانی)

مشہور ہے جہاں میں
بندر کی بے ایمانی
لو ہم تمھیں سنائیں
اک ایسی ہی کہانی

تھا اک غریب لڑکا
کچھ دور اس کے گھر سے
رہتا تھا ایک بندر
نام اس کا رام چندر
اک اجڑے گھر کے اندر

چندر کے پاس اک دن
دو روٹیاں تھیں سوکھی
بندر کے پاس اس دن
تھی صرف دال روکھی
اور فکر میں تھا بندر

کچھ سوچ کر وہ دل میں
چندر کے پاس آیا
دونے میں دال رکھی
اور ساتھ اپنے لایا
اور بولا "بھائی چندر!

روٹی اگر ہو گھر میں
جلدی سے لے کر آؤ

ہے دال کیا مزے کی

چکھو! مزے اڑاؤ

فرما گئے قلندر"

چندر یہ سن کے بھاگا

جلدی سے روٹی لایا

دونوں نے مل کے جھٹ پٹ

اس کا کیا صفایا

چندر سے خوش تھا بندر

پر یہ خوشی تھی جھوٹی

قائم نہ رہنے پائی

بندر کی بے ایمانی

آخر کو رنگ لائی

چندر سے بولا بندر

مجھ سے زیادہ تو نے
کھائی تھی دال روٹی!
کیا تیرے گھر سے ساری
آئی تھی دال روٹی!
او بے ایمان چندر!

یا دال دے تو میری
یا ساتھ میرے آ کر!
امرود جو میں توڑوں
تو جمع کر لے آ کر!
پر بھاگنا نہ چندر!

چندر یہ سن کے بولا
"امرودہیں پرائے

ایسا نہ ہو کہ مالک
آجائے دیکھ پائے
جانے دے بھائی بندر" !

جب یہ جواب پایا
اس نے سوال کر کے
غصے میں آیا بندر
اور منہ کو لال کر کے
ہو جس طرح چقندر

دو گز زمیں سے اچھلا
"طے ہو گا پھر یہ جھگڑا
اور پھر اچھل کے بولا
تو پہلے دال تولا!
جلدی نکال چندر!"

بندر کی دال آخر
لاتا وہ کس کے گھر سے
چپ چاپ ہو گیا ساتھ
بیچارہ اس کے ڈر سے
پہنچا چمن کے اندر

شاخوں پہ چڑھ کے بندر
بولا کہ ''تو بھی آ جا!
اور پکے پکے اچھے
امرود توڑتا جا!
ان ٹہنیوں کے اندر''

چندر چڑھا جب اوپر
بندر زمیں پر آیا

اور بولا "تو اکیلا

شاخوں کا کر صفایا

جلدی سے توڑ چندر"

! چندر نے خوب توڑے

امرو داس سے ڈر کر

اور جیسے جیسے توڑے

پھینکے گیا زمیں پر

کھائے گیا جو بندر!

اتنے میں شور سن کر

رکھوالا جاگ اٹھا

اس کو جو آتے دیکھا

بندر تو بھاگ اٹھا

ہات آیا رام چندر!

***

قانون کی عزت

حضرت غازی امان اللہ خاں
جب ہوئے کابل سے یورپ کو رواں
راستے میں مصر ٹھہرے چند روز
ہو کے مصری پادشا کے میہماں
ایک دن برسات کا سا رنگ تھا
مٹ گیا تھا دھوپ کا نام و نشاں
چل رہی تھی باغ میں ٹھنڈی ہوا
چھپ رہا تھا بدلیوں سے آسماں
آ گئے شاہی محل سے باغ میں
دیکھ کر غازی یہ مستانہ سماں

ایک دو ہمراہ تھے مصری وزیر
تاکہ گھبرائے نہ شاہی میہماں
سیر کرتے کرتے پہنچے اک جگہ
ایک تختے پر یہ لکھا تھا جہاں
"س جگہ سبزے پہ پھرنا منع ہے"
حکم تھا پولیس کا یہ بے گماں
شاہ کے تھے ساتھ جو مصری وزیر
لے کے پہنچے شاہ غازی کو وہاں
اور چاہا جائیں سبزے پر سے وہ
دوسری جانب کو جانا ہو جہاں
شاہ سا مہمان اور اپنا وطن
پھر بھلا پروا وزیروں کو کہاں
پر وہ تختے کی عبارت دیکھ کر
رک گئے فوراً امان اللہ خاں
اور ہنس کر ان وزیروں سے کہا

دیکھتے ہو تم جو لکھا ہے یہاں ؟
حکم ہے سبزے پہ پھر نا منع ہے
حکم کی وقعت ہے لازم مہرباں!
ملک کے قانون کی عزت کرو!
ملک کی عزت ہے گر دل میں نہاں!!

***

ہوائی جہاز

وہ دیکھو! ہوائی جہاز آرہا ہے
کوئی گیت اڑتے ہوئے گا رہا ہے
نظر آتا ہے دور سے یوں فضا میں
کوئی چیل اڑتی ہو جیسے ہوا میں
پرندوں کے مانند پردار ہے یہ
پر ان سے سوا تیز رفتار ہے یہ
یہاں ہے اگر آج تو کل وہاں ہے
پرندوں میں اس کی سی تیزی کہاں ہے
بہت دور اڑتا ہے جب یہ ہوا پر
نظر آتا ہے ایک دھبہ فضا پر

جواں ہو کے ہم بھی چلائیں گے اس کو
خریدیں گے اس کو اڑائیں گے اس کو
ہواؤں پہ اڑتے پھریں گے جہاں میں
کبھی اس زمیں پر کبھی آسماں میں
***

باغوں کی بہاریں

گھنگھور گھٹائیں چھا رہی ہیں
برکھا کی ہوائیں آ رہی ہیں
باغوں کی بہار کوئی دیکھے
پھولوں کا سنگھار کوئی دیکھے
جھونکا جو ہوا کا آ رہا ہے
سبزہ کیا لہلہا رہا ہے
پھولوں سے بسی ہوئی فضا ہے
خوشبو سے لدی ہوئی ہوا ہے
پودے ہوں کہ پتے، دھُل گئے ہیں
اور غنچوں کے منہ بھی کھُل گئے ہیں
پودوں کو صبا ہلا رہی ہے
پھولوں پہ بہار آ رہی ہے

چڑیاں کوش ہیں، چہک رہی ہیں
کلیاں کیسی مہک رہی ہیں
باغوں پہ بہار آ رہی ہے
ہر شے پہ خوشی سی چھا رہی ہے
نہروں میں بھی آگئی روانی
برسات کی رت ہے کیا سہانی
خاموش ہوائیں جاگ اٹھّیں
موروں کی صدائیں جاگ اٹھیں
کویل کی بھ آ رہی ہے آواز
کل باغ پہ چھا رہی ہے آواز
جھرنے نے فسانہ اپنا چھیڑا
جھینگر نے ترانہ اپنا چھیڑا
باغوں میں ہوا پکار آئی
ہنس دو کلیو! بہار آئی
***

کشمیر

جنت کی گویا
تصویر دیکھو!
تصویر کیسی
کشمیر دیکھو!
کشمیر دیکھو!

دل کش نظارے
کشمیر کے ہیں
کل سین پیارے
کشمیر کے ہیں
کشمیر دیکھو!

شفاف نہریں
بل کھانے والی
کالی گھٹائیں
لہرانے والی
کشمیر دیکھو!

ہیں باغ اس کے
شاداب کیسے
اور پھول پھل ہیں
نایاب کیسے
کشمیر دیکھو!

باغ اور بنوں پر
چھائے ہیں بادل
گھر گھر کے کیسے

آئے ہیں بادل
کشمیر دیکھو!

یہ سر زمیں بھی
کتنی حسیں ہے
کشمیر کیا ہے
خلد بریں ہے
کشمیر دیکھو!

جنّت کا ٹکڑا
سب کیاریاں ہیں
کیا خوب صورت
پھلواریاں ہیں
کشمیر دیکھو!

سارے جہاں کی
زینت ہے کشمیر
ہندوستاں کی
جنّت ہے کشمیر
کشمیر دیکھو!
***

برسات کی رات

اندھیری رات ہے کالی گھٹائیں چھائے جاتی ہیں
سیاہی پر سیاہی مینہ پہ مینہ برسائے جاتی ہیں
کبھی بجلی چمکتی ہے کبھی بادل گرجتے ہیں
زمیں سے آسماں تک موتی ہی موتی برستے ہیں
غضب کا شوروغل ہے اس گھڑی برپا مکانوں میں
نکل کر لوگ اندر سے کھڑے ہیں سائبانوں میں
ہوا کا زور "پچھلی رات' اور بارش کا طوفاں ہے
گھنیری جھاڑیاں ہیں کھیت ہیں، بن ہے، بیاباں ہے
گھروں میں جو پڑے سوتے ہیں ان کو کیا خبر ہوگی!
بھلا یہ لطف کیوں کر آئے گا جس دم سحر ہوگی!

مگر پھر فائدہ کچھ بھی نہ ہوگا رونے دھونے سے
اگر وہ جان بھی کھوئیں تو حاصل جان کھونے سے
مہکتی اور مہکاتی ہوائیں آئے جاتی ہیں
بچھے جاتے ہیں پودے ٹہنیاں بل کھائے جاتی ہیں
پرندے ڈر کے مارے کانپتے ہیں آشیانوں میں
کہ اب بجلی گری اے لو وہ آئی گلستانوں میں
زمیں پر ابر کی حد سے زیادہ مہربانی ہے
جہاں دیکھو جدھر دیکھو ادھر پانی ہی پانی ہے
جو پودا ہے ہوا کے تیز جھونکوں سے پریشاں ہے
مگر یہ حال دیکھے کون انساں ہے نہ حیواں ہے
اٹھیں گے جس گھڑی، جب ہوں گے فارغ اپنے سونے سے
بہت پچھتائیں گے آخر وہ ایسا وقت کھونے سے
کہ گزرا وقت پھر واپس نہیں آتا زمانے میں!
رہو مصروف تم بچو! سدا پڑھنے پڑھانے میں!
***

ملک سے غداری

شہر انگورہ میں ، ہے جو سچے ترکوں کی زمیں
مصطفےٰ پاشا کمال اک روز جاتے تھے کہیں
آپ نے اس دم بدل رکھا تھا سوداگر کا بھیس
تاکہ کوئی دیکھ کر رستے میں پہچانے نہیں
چلتے چلتے آئے پاشا ایک ایسے موڑ پر
تھا جہاں لکھا 'ادھر سے کوئی جا سکتا نہیں'
ایک کم سن سا سپاہی پہرے پر موجود تھا
تاکہ چپکے سے نہ کوئی اس طرف چل دے کہیں
غازی اعظم نے پاس کر سپاہی سے کہا
''آپ اپنے فرض کے بندے ہیں اس میں شک نہیں
لیکن اس دنیا میں دولت بھی تو کوئی چیز ہے
جس کے لینے سے کوئی انکار کر سکتا نہیں

مجھ کو جانے دیجیے حاضر ہے یہ سو گنی کا نوٹ
فائدہ ہے آپ کا نقصان کچھ اس میں نہیں ''!
نیک اور سچے سپاہی نے دیا اس کا جواب
''آپ کا انعام ہے معقول، اس میں شک نہیں
پر میں اپنے فرض اور ایماں کو رکھتا ہوں عزیز
فرض اور ایماں کی سچائی کا ہے مجھ کو یقیں
جان دے سکتا ہوں لیکن لے کے رشوت آپ سے
ملک سے اس طرح غداری میں کر سکتا نہیں !!''

★★★

کہانی کا سماں

مری پیاری انّا مری انّا جانی!
سنا دے مجھے کوئی ایسی کہانی!
کہ جس میں پرستان کا سا سماں ہو
زمیں پھول کی چاند کا آسماں ہو
ستارے برستے ہوں جس کی فضا میں
ہو خوشبو کا طوفان جس کی ہوا میں
جہاں شہد و شربت کی نہریں رواں ہوں
جہاں ہیرے یاقوت کی کشتیاں ہوں
اور ان میں کوئی گیت گاتی ہوں پریاں
شعاعوں کے بربط بجاتی ہوں پریاں
پہاڑ اس میں جتنے ہوں سارے طلائی
اور ان کے سہانے نظارے طلائی

اندھیرا نہ ہو نام کو بھی جہاں میں
ہو اک چاند روشن ہر اک شمع داں میں
محل ہو ہر اک سنگ مرمر کا جس میں
ہر اک طاق ہو لعل و گوہر کا جس میں
نہ بوڑھا ہو کوئی ' نہ کوئی جواں ہو
فقط میں ہوں اور میری انّا وہاں ہو
مرے پر ہوں اڑاتا پھروں میں ہوائیں
حکومت ہو میری وہاں کی فضائیں
غرض میری انّا مری انّا جانی !
سنا دے مجھے کوئی ایسی کہانی !
***

یہ ساری خدائی ہمارے لئے ہے

یہ ساری خدائی ہمارے لئے ہے
نہیں ہے پرائی ہمارے لئے ہے
یہ ساری خدائی ہمارے لئے ہے

ہمیں اس خدائی میں ہے کام کرنا
بہت کام کرنا بڑا نام کرنا
یہ ساری خدائی ہمارے لئے ہے

سکھاتے ہیں یہ شہر آباد ہونا
اور آپس میں مل جل کے دل شاد ہونا
یہ ساری خدائی ہمارے لئے ہے

یہ باغ اس لئے ہیں کہ پھرنے کو جائیں
پھلوں اور پھولوں سے ہم لطف اٹھائیں
یہ ساری خدائی ہمارے لئے ہے

کھلے مدرسے ہیں کہ ان میں پڑھیں ہم
ترقی کے رستے پہ آگے بڑھیں ہم
یہ ساری خدائی ہمارے لئے ہے

کیا فتح ہم نے ہوائی فضا کو
ہوائی جہازوں سے چیرا ہوا کو
یہ ساری خدائی ہمارے لئے ہے

سمندر پہ بھی ہے حکومت ہماری
جہازوں میں ہے بند طاقت ہماری
یہ ساری خدائی ہمارے لئے ہے

ہمیں دم مشقت کا بھرتے ہیں جا کر
بیابان آباد کرتے ہیں جا کر
یہ ساری خدائی ہمارے لئے ہے

بہت عمریں محنت میں برباد کی ہیں
یہ ریلیں تب انساں نے ایجاد کی ہیں
یہ ساری خدائی ہمارے لئے ہے

زمیں اس لئے ہے کہ کھیتی کریں ہم
مشقت کریں پیٹ اپنا بھریں ہم
یہ ساری خدائی ہمارے لئے ہے
***

روضہ تاج محل چاندنی رات میں

کیا چاندنی رات کا سماں ہے
نکھرا ہوا سارا آسماں ہے
جنگل کے نظارے سو رہے ہیں
جمنا کے کنارے سو رہے ہیں
موجیں بھی خموش ہو گئی ہیں
گہرائی میں جا کے سو گئی ہیں
دنیا ساری نکھر رہی ہے
فطرت کچھ غور کر رہی ہے
کھیتوں پہ بنوں پہ جنگلوں پر
چاندی کی بچھی ہوئی ہے چادر
پھولوں سے فضا مہک رہی ہے
خوشبو سے ہوا بہک رہی ہے

پیڑوں کے گھنیرے دامنوں میں
ویران حسین گلشنوں میں
اک نور سا جگمگا رہا ہے
اک تارہ سا جھلملا رہا ہے
گویا کوئی شمع جل رہی ہے
اور نور ہی نور اُگل رہی ہے
یا جیسے چمک رہا ہو موتی
کرنوں سے جھلک رہا ہو موتی
سبزے پہ پڑا ہوا ہے موتی
ہیروں میں جڑا ہوا ہے موتی
موتی ہیروں میں مل رہا ہے
یا نور کا پھول کھل رہا ہے
یہ تاج ہے تاج کا مکاں ہے
یہ تاج محل کا آستاں ہے

***

بنارس

ہر اک کو بھاتی ہے دل سے فضا بنارس کی
وہ گھاٹ اور وہ ٹھنڈی ہوا بنارس کی

وہ مندروں میں گجر دم پجاریوں کا ہجوم
وہ گھنٹیوں کی صدا وہ فضا بنارس کی

تمام ہند میں مشہور ہے یہاں کی سحر
کچھ اس قدر ہے سحر خوشنما بنارس کی

پجاریوں کا نہانا وہ گھاٹ پر آ کر
وہ صبح دم کی فضا دل کشا بنارس کی

وہ کشتیوں کا سماں اور وہ سیر گنگا کی
وہ ٹھنڈی ٹھنڈی ہوا جاں فزا بنارس کی

ہمارے دل سے نکلتی ہے یہ دعا اختر
کہ پھر بھی شکل دکھائے خدا بنارس کی

***

سورج کی کرنوں کا گیت

(ایک انگریزی نظم کا لفظی ترجمہ)

سنہری سورج نے آسماں پر
یہ راگ تھا کرنوں کی زباں پر
ترس گیا دھوپ کو زمانہ
جو آج کر دو ہمیں روانہ
گھٹا کے پردوں کو چاک کر دیں
چمن کو کیچڑ سے پاک کر دیں
یہ گیت گاتی ہوئی جہاں میں
ہر ایک گھر میں ہر اک مکاں میں
جو بچے اس وقت سو رہے ہیں

وہ چپ ہیں بے ہوش ہو رہے ہیں
یہ ان کے گالوں پہ گرتی ہیں جب
یہ ان کے بالوں پہ گرتی ہیں جب
رسیلی لے میں سنا رہی ہیں
ہوائیں بھی گیت گا رہی ہیں
بس اٹھ کھڑے ہو ہماری خاطر
اور اس پہ دیکھو تمہاری خاطر
یہ تحفہ تم جانتے ہو کیا ہے؟
وہ دیکھو سورج چمک رہا ہے
کہا کہ کیا بھیجوں میں زمیں کو؟
زمیں پہ جانے دو تم ہمیں کو!
ہیں کب سے چھائی ہوئی گھٹائیں
زمین پر نور جا بچھائیں!
زمین پر روشنی لٹائیں
درختوں سے کھیلیں اور کھلائیں

چھما چھم آئیں سنہری کرنیں
محل کے چھائیں سنہری کرنیں
یہ ان کے بستر پہ جھومتی ہیں
یہ ان کی آنکھوں کو چومتی ہیں
تو گال ہو جاتے ہیں سنہری
تو بال ہو جاتے ہیں سنہری
کہ 'اٹھو! جاگ اٹھو پیارے بچو!'
کہ آؤ اب کھیلو پیارے بچو!
یہ سوچو آئے ہیں ہم کہاں سے
یہ تحفہ لائے ہیں آسماں سے
سنہری سورج کی روشنی ہے
شفق کی وادی لہک رہی ہے'

***

ہماری بندریا

ہمیں جان و دل سے ہے پیاری بندریا
ہے کیا ننھی ننھی دلاری بندریا
مٹھائی کی پھل کی پجاری بندریا
ہماری بندریا ہماری بندریا

کوئی غیر چھیڑے تو دھتکارتی ہے
ہمیں پیار کرتی ہے پچکارتی ہے
خفا ہوتی ہے اور للکارتی ہے
کہ ان کی نہیں، ہے ہماری بندریا

ہو مکھی کہ مچھر ذرا پاس آئیں
ہماری بندریا کا تھپڑ تو کھائیں
اسے چھیڑنے کا مزہ آ کے پائیں
کہ اب ہو گئی ہے شکاری بندریا

کبھی اس کی زنجیر ہے ٹوٹ جاتی
کوئی شے سلامت نہیں رہنے پاتی
تو گھر بھر میں پھرتی ہے اودھم مچاتی
اٹھاتی ہے آفت ہماری بندریا

کوئی ہم کو چھیڑے تو غراتی ہے یہ
کیے سرخ منہ اپنا چلّاتی ہے یہ
لپک کر اسے کاٹنے آتی ہے یہ
محبت کے مارے بچاری بندریا

قمیص ایک ننھی سی بنوائیں گے ہم
اور اپنی بندریا کو پہنائیں گے ہم
اک اچھی سی شلوار سلوائیں گے ہم
کہ ہے پیاری پیاری ہماری بندریا

***

نیا سال آیا

مبارک مبارک نیا سال آیا
ہزاروں امیدیں نئی ساتھ لایا
خوشی کا سماں ساری دنیا پہ چھایا
ہے بے فکر، بے غم، ہر اپنا پرایا
پلٹ سی گئی ہے زمانے کی کایا
نیا سال آیا، نیا سال آیا

چمن میں بہاروں کا موسم پھر آیا
پہاڑوں پہ گھنگور بادل ہے چھایا

ہواؤں نے ہر پھول کو آ جگایا
گھٹاؤں نے گلزار کا منہ دھلایا
کوئی چونک اٹھا کوئی مسکرایا
نیا سال آیا، نیا سال آیا

پرندوں نے جنگل میں منگل منایا
کسی نے نیا آشیانہ بنایا
کوئی دانے چن چن کے کھیتوں سے لایا
کوئی چہچہایا کوئی گنگنایا
کسی نے مسرت سے یہ راگ گایا
نیا سال آیا، نیا سال آیا

کہیں شاخ پر بلبلیں گا رہی ہیں
کہیں ننھی کلیاں کھلی جا رہی ہیں
کہیں نہریں آئینے چمکا رہی ہیں

کہیں کچھ بطیں تیرتی آ رہی ہیں
سروں پر ہے چھایا گھٹاؤں کا سایا
نیا سال آیا، نیا سال آیا

مگر اے عقل مند، ہشیار بچّو
ہر اپنے پرائے کے غم خوار بچّو
مصیبت میں سب کے مددگار بچّو
مجھے یہ بتاؤ سمجھ دار بچّو
کہ تم کو نئے سال نے کیا سکھایا؟
نیا سال آیا، نیا سال آیا

یہ کہتا ہے پچھلے برس کیا کیا ہے؟
مشقت کا کیا کام تم سے ہوا ہے؟
برس دن میں کیا کچھ پڑھا ہے لکھا ہے؟
یوں ہی کھیل میں وقت کتنا گیا ہے؟

کمایا ہے تم نے کہ ہے کچھ گنوایا؟
نیا سال آیا، نیا سال آیا

یہ سوچو کہ اس سال کیا کیا ہے کرنا
ہے کن علم کی گھاٹیوں سے گزرنا
مگر ہر دم اس بات پر کان دھرنا
کہ محنت سنورنا ہے سُستی ہے مرنا
نئے سال نے یہ سبق ہے پڑھایا
نیا سال آیا، نیا سال آیا

***

تتلی

باغ میں رہنے والی تتلی
پھول سے گہنے والی تتلی
چپکے چپکے گانے والی
بستی سے شرمانے والی
کلیوں سے باتیں کرنے والی
اور بھنورے سے ڈرنے والی
اچھی تتلی حال سنا دے
مجھ کو تو اک بات بتا دے
شہر سے تجھ کو نفرت کیوں ہے؟

باغ سے اتنی الفت کیوں ہے ؟
کیوں نہیں جاتی چمن سے باہر
اپنے سبز وطن سے باہر ؟
ہاں میں سمجھا ہاں میں سمجھا
پھول ہیں تیری جاں میں سمجھا
پھولوں پر تو دل سے فدا ہے
پھولوں کا رس تیری غذا ہے
ہر غنچے پر گرتی ہے تو
خوشبو لیتی پھرتی ہے تو
خوشبو سے جو بھرا ہے سینہ
عطر نہ ہو کیوں تیرا پسینہ
یکساں صبح و شام ہے تجھ کو
اپنے کام سے کام ہے تجھ کو
کاش مجھے بھی شوق ہو تتلی
کام کا یونہی ذوق ہو تتلی

پھول سے جتنی تجھ کو ہے الفت
مجھ کو کتابوں سے ہو محبت
علم کے ہر دم پھول چنوں میں
کھیلنے والے کی نہ سنوں میں!
***

شب برات

پھر ایک سال میں جا کر شب برات آئی
مزے مزے کی نئی پیاری پیاری رات آئی
شریر لڑکے مچاتے ہیں شور گلیوں میں
ہر ایک محو ہے شعلوں کی رنگ رلیوں میں
نکل کے گھر سے پٹاخے چلا رہا ہے کوئی
جلا کے ہات میں مہتاب لا رہا ہے کوئی
کسی نے دیکھی نہ ہو آگ کی چھڑی کی بہار
تو آ کے دیکھ لے وہ آج پھلجھڑی کی بہار
کسی کے ہات میں جلتی ہوئی چھچھوندر ہے
کسی کے ہاتھ میں اک روشنی کا چکر ہے
گلی گلی میں جو گھر گھر انار چھٹتے ہیں
یہ شعلے ناچتے ہیں یا ستارے لٹتے ہیں
خوشی کے مارے کہیں گیت گا رہا ہے کوئی

پٹاخے لینے کو تیزی سے جا رہا ہے کوئی
کسی غریب کو پیسے نہیں ملے گھر سے
کبھی تو خون کے آنسو ہیں بے طرح برسے
نہ چیختا ہے نہ چلاتا ہے نہ بکتا ہے
کھڑا ہوا بڑی حسرت سے سب کو تکتا ہے
گھروں میں عورتیں حلوا پکا رہی ہیں کہیں
کھلا رہی ہیں کہیں اور کھا رہی ہیں کہیں
ثواب بھیجیں گی مُردوں کی پاک جانوں کو
عدم کے ملک میں برسوں کے میہمانوں کو
فرشتے آئے ہیں سب کا حساب لکھنے کو
ہر اک کی عمر کی پچھلی کتاب لکھنے کو
ہمارے رزق کی بھی آج ہی خبر لیں گے
جو اگلے سال ملے گا وہ درج کر لیں گے
فضول آگ کا یہ کھیل اچھی بات نہیں
شب برات ہے یہ ایسی ویسی رات نہیں

***

شالامار

جس کو جنّت کی دیکھنا ہو بہار
دیکھ لے آ کے باغ شالامار
لوگ باہر سے جو بھی آتے ہیں
دیکھنے کو ضرور جاتے ہیں
سبزے سے یوں پٹی پڑی ہے زمیں
سبز مخمل بچھی ہو جیسے کہیں
صبح دم چڑیاں چہچہاتی ہیں
حمد کے میٹھے گیت گاتی ہیں
ہر طرف چل رہے ہیں فوّارے
یا برستے ہیں خوش نما تارے

جب ہواğ کے جھونکے آتے ہیں

پھول خوش ہو کے مسکراتے ہیں

تختہ تختہ ہے گلشن کشمیر

چپّہ چپّہ ہے قاف کی تصویر

خُلد کی طرح پُر بہار ہے یہ

کیوں نہ ہو شاہی یادگار ہے یہ

***

دودھ پہلے سے زیادہ ہوگیا

ماں نے ننھی کو بلا کر یوں کہا
''دودھ ہے دیکھو یہ چولھے پر چڑھا
چھوٹے کمرے تک ذرا جاتی ہوں میں
دو منٹ میں لوٹ کر آتی ہوں میں''
ماں تو یہ کہہ کر وہاں سے ہٹ گئی
اور ننھی اس جگہ بیٹھی رہی
دودھ اتنے میں ابلنے کو ہوا
جوش سے باہر نکلنے کو ہوا
یہ جو دیکھا حال اس نے دودھ کا
چیخ کر ننھی نے ماں سے یوں کہا
''اماں اماں آؤ دیکھو تو ذرا
دودھ پہلے سے زیادہ ہوگیا''

***